Deittipäiväkirja

Kustantaja: BoD – Books on Demand, Helsinki, Suomi
Valmistaja: BoD – Books on Demand, Norderstedt, Saksa
ISBN: 978-952-80-1779-0

Parisuhteeni / Deittini

Nimi tai lempinimi:

Ammatti:

Hänen kotipaikkakunta:

Kaupunki/Maa, jossa deittailitte:

Milloin ja kuinka kauan deittailitte / olitte parisuhteessa?

Hänen ikä silloin: Sinun ikä silloin:

Kuinka te tapasitte?

Teidän ensimmäiset treffit:

Teidän parhaat treffit:

Teidän huonoimmat treffit:

Mistä pidit hänessä?

Mistä et pitänyt hänessä?

Teidän ensimmäinen suudelma (jos tapahtui):

Miksi kiinnostuit hänestä alun pitäen?

Tapailu / Parisuhde päättyi, koska:

Mitä opit tästä suhteesta? Mitä muuta haluaisit mainita?

Piirrä kuva hänestä tähän:

Parisuhteeni / Deittini

Nimi tai lempinimi:

Ammatti:

Hänen kotipaikkakunta:

Kaupunki/Maa, jossa deittailitte:

Milloin ja kuinka kauan deittailitte / olitte parisuhteessa?

Hänen ikä silloin: Sinun ikä silloin:

Kuinka te tapasitte?

Teidän ensimmäiset treffit:

Teidän parhaat treffit:

Teidän huonoimmat treffit:

Mistä pidit hänessä?

Mistä et pitänyt hänessä?

Teidän ensimmäinen suudelma (jos tapahtui):

Miksi kiinnostuit hänestä alun pitäen?

Tapailu / Parisuhde päättyi, koska:

Mitä opit tästä suhteesta? Mitä muuta haluaisit mainita?

Piirrä kuva hänestä tähän:

Parisuhteeni / Deittini

Nimi tai lempinimi:

Ammatti:

Hänen kotipaikkakunta:

Kaupunki/Maa, jossa deittailitte:

Milloin ja kuinka kauan deittailitte / olitte parisuhteessa?

Hänen ikä silloin: Sinun ikä silloin:

Kuinka te tapasitte?

Teidän ensimmäiset treffit:

Teidän parhaat treffit:

Teidän huonoimmat treffit:

Mistä pidit hänessä?

Mistä et pitänyt hänessä?

Teidän ensimmäinen suudelma (jos tapahtui):

Miksi kiinnostuit hänestä alun pitäen?

Tapailu / Parisuhde päättyi, koska:

Mitä opit tästä suhteesta? Mitä muuta haluaisit mainita?

Piirrä kuva hänestä tähän:

Parisuhteeni / Deittini

Nimi tai lempinimi:

Ammatti:

Hänen kotipaikkakunta:

Kaupunki/Maa, jossa deittailitte:

Milloin ja kuinka kauan deittailitte / olitte parisuhteessa?

Hänen ikä silloin: Sinun ikä silloin:

Kuinka te tapasitte?

Teidän ensimmäiset treffit:

Teidän parhaat treffit:

Teidän huonoimmat treffit:

Mistä pidit hänessä?

Mistä et pitänyt hänessä?

Teidän ensimmäinen suudelma (jos tapahtui):

Miksi kiinnostuit hänestä alun pitäen?

Tapailu / Parisuhde päättyi, koska:

Mitä opit tästä suhteesta? Mitä muuta haluaisit mainita?

Piirrä kuva hänestä tähän:

Parisuhteeni / Deittini

Nimi tai lempinimi:

Ammatti:

Hänen kotipaikkakunta:

Kaupunki/Maa, jossa deittailitte:

Milloin ja kuinka kauan deittailitte / olitte parisuhteessa?

Hänen ikä silloin: Sinun ikä silloin:

Kuinka te tapasitte?

Teidän ensimmäiset treffit:

Teidän parhaat treffit:

Teidän huonoimmat treffit:

Mistä pidit hänessä?

Mistä et pitänyt hänessä?

Teidän ensimmäinen suudelma (jos tapahtui):

Miksi kiinnostuit hänestä alun pitäen?

Tapailu / Parisuhde päättyi, koska:

Mitä opit tästä suhteesta? Mitä muuta haluaisit mainita?

Piirrä kuva hänestä tähän:

Parisuhteeni / Deittini

Nimi tai lempinimi:

Ammatti:

Hänen kotipaikkakunta:

Kaupunki/Maa, jossa deittailitte:

Milloin ja kuinka kauan deittailitte / olitte parisuhteessa?

Hänen ikä silloin: Sinun ikä silloin:

Kuinka te tapasitte?

Teidän ensimmäiset treffit:

Teidän parhaat treffit:

Teidän huonoimmat treffit:

Mistä pidit hänessä?

Mistä et pitänyt hänessä?

Teidän ensimmäinen suudelma (jos tapahtui):

Miksi kiinnostuit hänestä alun pitäen?

Tapailu / Parisuhde päättyi, koska:

Mitä opit tästä suhteesta? Mitä muuta haluaisit mainita?

Piirrä kuva hänestä tähän:

Parisuhteeni / Deittini

Nimi tai lempinimi:

Ammatti:

Hänen kotipaikkakunta:

Kaupunki/Maa, jossa deittailitte:

Milloin ja kuinka kauan deittailitte / olitte parisuhteessa?

Hänen ikä silloin: Sinun ikä silloin:

Kuinka te tapasitte?

Teidän ensimmäiset treffit:

Teidän parhaat treffit:

Teidän huonoimmat treffit:

Mistä pidit hänessä?

Mistä et pitänyt hänessä?

Teidän ensimmäinen suudelma (jos tapahtui):

Miksi kiinnostuit hänestä alun pitäen?

Tapailu / Parisuhde päättyi, koska:

Mitä opit tästä suhteesta? Mitä muuta haluaisit mainita?

Piirrä kuva hänestä tähän:

Parisuhteeni / Deittini

Nimi tai lempinimi:

Ammatti:

Hänen kotipaikkakunta:

Kaupunki/Maa, jossa deittailitte:

Milloin ja kuinka kauan deittailitte / olitte parisuhteessa?

Hänen ikä silloin: Sinun ikä silloin:

Kuinka te tapasitte?

Teidän ensimmäiset treffit:

Teidän parhaat treffit:

Teidän huonoimmat treffit:

Mistä pidit hänessä?

Mistä et pitänyt hänessä?

Teidän ensimmäinen suudelma (jos tapahtui):

Miksi kiinnostuit hänestä alun pitäen?

Tapailu / Parisuhde päättyi, koska:

Mitä opit tästä suhteesta? Mitä muuta haluaisit mainita?

Piirrä kuva hänestä tähän:

Parisuhteeni / Deittini

Nimi tai lempinimi:

Ammatti:

Hänen kotipaikkakunta:

Kaupunki/Maa, jossa deittailitte:

Milloin ja kuinka kauan deittailitte / olitte parisuhteessa?

Hänen ikä silloin: Sinun ikä silloin:

Kuinka te tapasitte?

Teidän ensimmäiset treffit:

Teidän parhaat treffit:

Teidän huonoimmat treffit:

Mistä pidit hänessä?

Mistä et pitänyt hänessä?

Teidän ensimmäinen suudelma (jos tapahtui):

Miksi kiinnostuit hänestä alun pitäen?

Tapailu / Parisuhde päättyi, koska:

Mitä opit tästä suhteesta? Mitä muuta haluaisit mainita?

Piirrä kuva hänestä tähän:

Parisuhteeni / Deittini

NImi tai lempinimi:

Ammatti:

Hänen kotipaikkakunta:

Kaupunki/Maa, jossa deittailitte:

Milloin ja kuinka kauan deittailitte / olitte parisuhteessa?

Hänen ikä silloin: Sinun ikä silloin:

Kuinka te tapasitte?

Teidän ensimmäiset treffit:

Teidän parhaat treffit:

Teidän huonoimmat treffit:

Mistä pidit hänessä?

Mistä et pitänyt hänessä?

Teidän ensimmäinen suudelma (jos tapahtui):

Miksi kiinnostuit hänestä alun pitäen?

Tapailu / Parisuhde päättyi, koska:

Mitä opit tästä suhteesta? Mitä muuta haluaisit mainita?

Piirrä kuva hänestä tähän:

Parisuhteeni / Deittini

Nimi tai lempinimi:

Ammatti:

Hänen kotipaikkakunta:

Kaupunki/Maa, jossa deittailitte:

Milloin ja kuinka kauan deittailitte / olitte parisuhteessa?

Hänen ikä silloin: Sinun ikä silloin:

Kuinka te tapasitte?

Teidän ensimmäiset treffit:

Teidän parhaat treffit:

Teidän huonoimmat treffit:

Mistä pidit hänessä?

Mistä et pitänyt hänessä?

Teidän ensimmäinen suudelma (jos tapahtui):

Miksi kiinnostuit hänestä alun pitäen?

Tapailu / Parisuhde päättyi, koska:

Mitä opit tästä suhteesta? Mitä muuta haluaisit mainita?

Piirrä kuva hänestä tähän:

Parisuhteeni / Deittini

Nimi tai lempinimi:

Ammatti:

Hänen kotipaikkakunta:

Kaupunki/Maa, jossa deittailitte:

Milloin ja kuinka kauan deittailitte / olitte parisuhteessa?

Hänen ikä silloin: Sinun ikä silloin:

Kuinka te tapasitte?

Teidän ensimmäiset treffit:

Teidän parhaat treffit:

Teidän huonoimmat treffit:

Mistä pidit hänessä?

Mistä et pitänyt hänessä?

Teidän ensimmäinen suudelma (jos tapahtui):

Miksi kiinnostuit hänestä alun pitäen?

Tapailu / Parisuhde päättyi, koska:

Mitä opit tästä suhteesta? Mitä muuta haluaisit mainita?

Piirrä kuva hänestä tähän:

Parisuhteeni / Deittini

Nimi tai lempinimi:

Ammatti:

Hänen kotipaikkakunta:

Kaupunki/Maa, jossa deittailitte:

Milloin ja kuinka kauan deittailitte / olitte parisuhteessa?

Hänen ikä silloin: Sinun ikä silloin:

Kuinka te tapasitte?

Teidän ensimmäiset treffit:

Teidän parhaat treffit:

Teidän huonoimmat treffit:

Mistä pidit hänessä?

Mistä et pitänyt hänessä?

Teidän ensimmäinen suudelma (jos tapahtui):

Miksi kiinnostuit hänestä alun pitäen?

Tapailu / Parisuhde päättyi, koska:

Mitä opit tästä suhteesta? Mitä muuta haluaisit mainita?

Piirrä kuva hänestä tähän:

Parisuhteeni / Deittini

Nimi tai lempinimi:

Ammatti:

Hänen kotipaikkakunta:

Kaupunki/Maa, jossa deittailitte:

Milloin ja kuinka kauan deittailitte / olitte parisuhteessa?

Hänen ikä silloin: Sinun ikä silloin:

Kuinka te tapasitte?

Teidän ensimmäiset treffit:

Teidän parhaat treffit:

Teidän huonoimmat treffit:

Mistä pidit hänessä?

Mistä et pitänyt hänessä?

Teidän ensimmäinen suudelma (jos tapahtui):

Miksi kiinnostuit hänestä alun pitäen?

Tapailu / Parisuhde päättyi, koska:

Mitä opit tästä suhteesta? Mitä muuta haluaisit mainita?

Piirrä kuva hänestä tähän:

Parisuhteeni / Deittini

Nimi tai lempinimi:

Ammatti:

Hänen kotipaikkakunta:

Kaupunki/Maa, jossa deittailitte:

Milloin ja kuinka kauan deittailitte / olitte parisuhteessa?

Hänen ikä silloin: Sinun ikä silloin:

Kuinka te tapasitte?

Teidän ensimmäiset treffit:

Teidän parhaat treffit:

Teidän huonoimmat treffit:

Mistä pidit hänessä?

Mistä et pitänyt hänessä?

Teidän ensimmäinen suudelma (jos tapahtui):

Miksi kiinnostuit hänestä alun pitäen?

Tapailu / Parisuhde päättyi, koska:

Mitä opit tästä suhteesta? Mitä muuta haluaisit mainita?

Piirrä kuva hänestä tähän:

Parisuhteeni / Deittini

Nimi tai lempinimi:

Ammatti:

Hänen kotipaikkakunta:

Kaupunki/Maa, jossa deittailitte:

Milloin ja kuinka kauan deittailitte / olitte parisuhteessa?

Hänen ikä silloin: Sinun ikä silloin:

Kuinka te tapasitte?

Teidän ensimmäiset treffit:

Teidän parhaat treffit:

Teidän huonoimmat treffit:

Mistä pidit hänessä?

Mistä et pitänyt hänessä?

Teidän ensimmäinen suudelma (jos tapahtui):

Miksi kiinnostuit hänestä alun pitäen?

Tapailu / Parisuhde päättyi, koska:

Mitä opit tästä suhteesta? Mitä muuta haluaisit mainita?

Piirrä kuva hänestä tähän:

Parisuhteeni / Deittini

Nimi tai lempinimi:

Ammatti:

Hänen kotipaikkakunta:

Kaupunki/Maa, jossa deittailitte:

Milloin ja kuinka kauan deittailitte / olitte parisuhteessa?

Hänen ikä silloin: Sinun ikä silloin:

Kuinka te tapasitte?

Teidän ensimmäiset treffit:

Teidän parhaat treffit:

Teidän huonoimmat treffit:

Mistä pidit hänessä?

Mistä et pitänyt hänessä?

Teidän ensimmäinen suudelma (jos tapahtui):

Miksi kiinnostuit hänestä alun pitäen?

Tapailu / Parisuhde päättyi, koska:

_____

_____

_____

Mitä opit tästä suhteesta? Mitä muuta haluaisit mainita?

_____

_____

_____

_____

_____

Piirrä kuva hänestä tähän:

Parisuhteeni / Deittini

Nimi tai lempinimi:

Ammatti:

Hänen kotipaikkakunta:

Kaupunki/Maa, jossa deittailitte:

Milloin ja kuinka kauan deittailitte / olitte parisuhteessa?

Hänen ikä silloin: Sinun ikä silloin:

Kuinka te tapasitte?

Teidän ensimmäiset treffit:

Teidän parhaat treffit:

Teidän huonoimmat treffit:

Mistä pidit hänessä?

Mistä et pitänyt hänessä?

Teidän ensimmäinen suudelma (jos tapahtui):

Miksi kiinnostuit hänestä alun pitäen?

Tapailu / Parisuhde päättyi, koska:

Mitä opit tästä suhteesta? Mitä muuta haluaisit mainita?

Piirrä kuva hänestä tähän: